3

ARISTÓTELES

Naturaleza y Ética

Alhambra

Última reimpresión, 1991

ISBN: 84-205-1852-2
84-205-1866-2 (Obra completa)

Depósito legal: M. **17.757-1991**

Impreso en España - Printed in Spain

Gráficas Rógar, S. A. León, 44. Pol. Cobo Calleja. Fuenlabrada (Madrid)

Tema 3

NATURALEZA Y ÉTICA EN ARISTÓTELES

PROBLEMÁTICA QUE NOS PRESENTA ESTE TEMA

En las filosofías anteriores se había planteado el problema de lo cambiante y de lo permanente en el Ser; había habido un intento de conciliar ambas cosas, ser y cambio, sin dar una explicación satisfactoria de la realidad. Platón dividía al mundo en dos realidades: la realidad de las Ideas que no cambian, son eternas e indestructibles, y el mundo de las apariencias, de lo que perciben los sentidos, que son cambiantes, colocando la esencia del ser fuera del mismo ser. También distinguía entre verdad —conocimiento intelectual— y opinión —conocimiento de los sentidos.

Aristóteles llega a formular un pensamiento que parte de las realidades percibidas por los sentidos, y se remonta hasta la entraña del Ser.

La relación del ser con la realidad del hombre y de la sociedad se basa en la observación directa, no en las ideas, como Platón; se trata, por tanto, de una relación de abajo arriba, desde la experiencia sensible hasta la profundización filosófica del Ser mismo. Es, pues, la Idea en el Mundo, no el Mundo en la Idea, como quería Platón.

Desde esta perspectiva se nos presentan los problemas relacionados con el Ser: el ser del Hombre (antropología), la naturaleza misma del Ser en general (metafísica), y los problemas relacionados con el comportamiento del Ser humano (ética) y de la sociedad (política). Y todo esto, por primera vez, desde una filosofía sistematizada, es decir, como un sistema completo de pensamiento.

ESQUEMA

1. Dimensión histórica: situación en que se encuentra Grecia

- 1.1. Estado de Grecia, después de las Guerras del Peloponeso.
- 1.2. Filipo II de Macedonia (359-336).
- 1.3. Alejandro Magno y sus conquistas (356-323).

2. Vida y obra de Aristóteles (384-323)

3. La Metafísica: análisis del Ser

3.1. La sustancia y el accidente.
3.2. La potencia y el acto.
3.3. El hilemorfismo.
3.4. Análisis de las causas.

4. La antropología aristotélica

4.1. El conjunto de cuerpo y alma: una unión sustancial.
4.2. Su epistemología: conocimiento activo y pasivo.

5. La Ética

5.1. El Bien: análisis del concepto. El bien supremo.
5.2. La Felicidad:
    5.2.1. es un concepto ambiguo;
    5.2.2. es autosuficiente;
    5.2.3. consiste en realizar la actividad propia del hombre.
5.3. La Virtud: análisis del concepto.

6. La Política

6.1. El origen de la ciudad: el hombre, un animal político.
6.2. El fin del Estado y las formas de gobierno.
6.3. Los grupos humanos en la sociedad.

7. Clave de interpretación de los textos oficiales

7.1. El texto sobre la Naturaleza.
7.2. El texto sobre la Política.

MATERIALES PARA ESTUDIAR ESTE TEMA

a) Libros de texto:

Historia de la Filosofía, COU, Navarro Cordón, Anaya.
Historia de la Filosofía, COU, José Barrio, Vicens Vives.

b) Libros de consulta:

Johannes Hirschberger, tomo I, págs., 146-215; ed. 1982.
Frederik Copleston, vol. I, 273-370.
Nicola Abbagnano, vol. I, 120-162.
G. Fraile, BAC, I, 414-554.

c) *Diccionario de Filosofía*, Ferrater Mora:

Conceptos: Ética (2, 1057-1059); Felicidad (2, 1140); Alma (1, 104); Bien (1, 337-342); **Aristóteles** (1, 205-210).

d) Otros libros:

Manual de Historia de la Filosofía, Glez. Álvarez, Ed. Gredos.
Los filósofos y sus filosofías, J. M. Bermudo, Vicens Vives, I, 67-100.
Aristóteles, sabiduría y felicidad, José Montoya, Ed. Cincel, núm. 5.
Paideia, Werner Jaeger, FCE.

1. Dimensión histórica: situación en que se encuentra Grecia

1.1. Estado de Grecia, después de las Guerras del Peloponeso

Después de las Guerras del Peloponeso, Atenas se encuentra vencida y la democracia sufre un duro golpe. Esparta es la vencedora y su dominio durará veinte años (399-379).

En Atenas decaen el comercio, la artesanía y la agricultura; aumentan las luchas políticas entre las clases sociales atenienses sin llegar a establecer ningún régimen de partidos; el individualismo y las querellas personales son corrientes en todo momento.

Hay conflictos entre las clases dominantes y los esclavos, y entre los oligarcas y el pueblo. La democracia en el siglo IV naufragó y estuvo a punto de convertirse en demagogia; los magistrados son con frecuencia sospechosos y acusados de malversación y traición; casi todos los jefes militares y políticos fueron objeto de procesamiento.

Esparta ejerce la hegemonía en todo el Peloponeso; pero aparece **Tebas**, que se levanta contra Esparta con brutales aires imperialistas y desprovista de un programa político. Tebas obtiene una victoria en el año 362, en Mantinea, sobre Esparta. Intervienen casi todas las ciudades griegas, unas al lado de Tebas y otras al lado de Esparta. Grecia, en su conjunto, se encuentra ya agotada, desgarrada, ninguna ciudad tiene ya fuerza para imponerse. Todos ansían una paz general, su única esperanza, que tarda en conseguirse casi 20 años: llega con la batalla de Queronea, en 338, ganada por el Rey Filipo II y su general Alejandro Magno, hijo suyo.

1.2. Filipo II de Macedonia (359-336)

Macedonia es una región situada al norte de Grecia; los macedonios son griegos, pero habían permanecido mucho tiempo atrasados desde el punto de vista social y político; esto daba lugar a que los griegos les consideraran equivocadamente como «bárbaros» o casi extranjeros.

Filipo II es hijo del Rey Amintas II y de Eurídice, disoluto y gran bebedor; fue un buen general y un gran diplomático.

Aprovecha las disensiones internas de las ciudades griegas para imponerse; ocupa los estrechos y la fortaleza de Elatea; esto provoca la alianza de Tebas y Atenas, las cuales presentan batalla contra Filipo, en Queronea, donde son vencidos por Alejandro Magno, en el verano del 338. Este joven general tiene 18 años, Aristóteles tiene 46. (El ateniense Demóstenes, el mejor orador griego, no consigue con su elocuencia agrupar a todo el Peloponeso, junto con Atenas, en contra de Filipo II; sus discursos políticos se llaman «Filípicas».)

1.3. Alejandro Magno (356-323)

Según cuentan las narraciones de la época, era hermoso como un dios; de su padre hereda el frecuente uso de las bebidas, pero fue más franco y abierto que él; de mejores cualidades militares, con más fogosidad y más agudeza, con una imaginación y una inteligencia propias de un genio. En su corta vida (sólo 33 años) fue un gran constructor e iniciador de culturas y civilizaciones.

A los 20 años sucede a su padre; en el 336 se hace nombrar general de los helenos, en la asamblea general de Corinto; reprime una sublevación de griegos, y arrasa Tebas y perdona a Atenas después de la batalla de Queronea. Domina Grecia y pasa a Asia; derrota a Darío III en Babilonia, penetra en Egipto, Jesuralén, Libia, funda Alejandría y llega hasta Persia. Pasa el valle del Indo y regresa a Irán para poner la corte en Babilonia. Muere a los 33 años.

Alejandro fue un griego puro; puso sus descubrimientos al servicio de la causa griega, el helenismo, y difundió por todas partes la cultura griega. Con sus conquistas abrió todo el Oriente al helenismo. Tal y como comprobaron sus contemporáneos, «después de Alejandro, ya nada fue como antes». A este joven personaje hay que colocarle entre aquellos que han cambiado la faz del mundo más rápida y profundamente: César en el Imperio Romano y Europa con Napoleón existieron gracias al espíritu y a la asombrosa personalidad de Alejandro Magno.

2. Vida y obra de Aristóteles (384-323)

1. *Orígenes:*
   Nace en Estagira, el año 384, después de 20 años de guerra del Peloponeso. No es ateniense sino macedónico. Es hijo de Nicómaco, médico y amigo del Rey Amintas II, que reinaba en Macedonia.

2. *Estudios:*
   A los 17 años se va a la Academia a estudiar con Platón; permanece en ella durante 20 años; es discípulo suyo y amigo y el maestro le deja profunda huella. Al morir éste, 347, él tiene 37 años y se va de Atenas. Escribe el diálogo «**Sobre el alma**» en el que sigue a su maestro. Después se distancia mucho de sus doctrinas, y es un crítico de su filosofía.

3. *Relaciones con los poderosos:*
   De Atenas se va a Assos, donde recibe el apoyo del tirano Hermías, Rey de Assos. Acepta la invitación de Filipo II para encargarse de la educación de su hijo Alejandro (éste tiene 13 años, Aristóteles, 42). Le acompaña en muchas de sus campañas militares durante cerca de 8 años. A petición suya, Alejandro reedifica la ciudad de Estagira, destruida por Filipo tiempos atrás; le envía material y elevadísimas sumas de dinero para sus investigaciones y estudios de Historia Natural.

4. *Ciencia:*
   Terminada su misión educativa con Alejandro, regresa a Atenas y funda el *Liceo*, especie de universidad actual, en los terrenos de un amigo llamado Apolo Likaios, con el apoyo económico de Alejandro. Se trata de un círculo de investigadores, científicos, historiadores, filósofos, etc.

5. *Muerte:*

Es acusado de impiedad (asebeia) a la muerte de Alejandro, y entonces, abandona Atenas. Prevalece el partido antimacedónico y se tiene que marchar por ser un colaborador y amigo de Alejandro y de los ocupantes macedónicos de Atenas. Se va de la ciudad, dice, «para evitar un segundo atentado contra la Filosofía» (para que no se repita el crimen de Sócrates). Muere en Eubea a los 62 años.

Obras. Corpus Aristotelicum:

1. **Lógica:** (Organon aristotelicum) (= Instrumento): 6 libros.
2. **Filosofía primera** o Metafísica: 14 libros.
3. **Física:** 4 libros.
4. **Biología:** 2 libros.
5. **Ética:** Eudemo: 7 libros.
   Nicómaco: 10 libros.
   Magna moralia: 2 libros.
6. **Política.**
7. **Arte:** Retórica: 3 libros; Poética: 2 libros; Poesías.

3. La Metafísica: análisis del Ser

Aristóteles se propone realizar un profundo análisis del Ser, de todo ser. Ante el problema pre-socrático (ser y cambio, Parménides-Heráclito), **Platón** había creído encontrar la solución en el mundo de las ideas (lo que permanece) y el mundo sensible (lo que cambia).

Pero **Aristóteles** se pregunta: ¿cómo explicar el ser de las cosas si «el ser» —según Platón— no está en ellas mismas?; ¿cómo explicar el movimiento si las ideas son estáticas? Aristóteles inicia su reflexión desde la observación directa. Su proceso es de abajo arriba, lo contrario de Platón, que procedía de arriba abajo. No parte del mundo de las Ideas sino desde la realidad concreta de cada ser. Él es un gran biólogo y está acostumbrado a observar la vida de los animales.

El estudio del ser lo hace Aristóteles en su obra **Filosofía Primera,** que a partir del siglo XII se llamaría Metafísica, nombre que tiene dos sentidos: los libros que están colocados en su estantería después del tratado de Física (meta = más allá de la Física, expresión utilizada ya por Aristóteles); o bien, que tratan de temas que están más allá de lo puramente físico, que es la nomenclatura utilizada en el Medievo.

3.1. La sustancia y el accidente

Punto de partida:

Aristóteles **parte** del ser individual, concreto, el que existe. Al observar directamente los seres particulares ve en ellos un hecho claro: todo ser cambia.

Por ejemplo, el agua se calienta, se enfría, se convierte en vapor, se hace hielo; y sin embargo en todos estos cambios permanece siempre la misma agua.

Es decir, en todo cambio hay un substrato, un *subiectum,* un sujeto que no cambia, hay algo que permanece a través de los cambios. Es la sustancia, lo que está debajo de, lo que permanece detrás de toda mutación. Esta sustancia es la «physis» la naturaleza o el principio fundamental del ser.

Es el principio constitutivo del ser entero:

Cualquier ser, cualquier realidad, tiene una naturaleza tal, una sustancia, que no es la suma de los elementos que la componen; es algo distinto de ellos. Así, el agua no sería la suma de oxígeno e hidrógeno sino una sustancia distinta de ellos; el Hombre no es la suma de cuerpo y alma, ni la suma de la racionalidad y la animalidad sino algo distinto, que es la naturaleza humana, una sustancia completamente distinta. La sustancia, pues, es el principio constitutivo del ser entero, en su **totalidad,** en su integridad absoluta.

Es algo separable y determinado:

La sustancia es algo que no se confunde con otra cosa; es algo perfectamente concreto y determinado, distinto de cualquier otra sustancia. Así, el hombre es algo separable de cualquier otro animal y cada hombre es separable, distinto de cualquier otro hombre. Tiene una entidad en sí mismo que le hace distinguible de cualquier otro. El ser de Carlos tiene una entidad tal que le hace completamente distinto de Pedro; lo que se dice de Carlos no se puede decir de Pedro; no es, por tanto, la suma de dos elementos, cuerpo y alma, porque entonces todos serían Carlos o todos serían Pedro. Lo propio de cada ser, lo que distingue a cada ser es su ser sustancial.

Es el soporte de los accidentes:

La sustancia tiene entidad en sí misma, es el sujeto real, en el cual se sustentan, se apoyan, como en una percha, todas las demás cosas que cambian, todos los accidentes. El agua es sustancia, lo que cambia es el calor, el frío, la solidez, el color, etc., es decir, los accidentes.

Las sustancias ofrecen su apoyo a los accidentes para que existan. No se da la blancura, el peso, el frío, como volando por los aires, sino el agua fría, la mesa blanca, etc. La mesa «soporta» la blancura para ser blanca. Los accidentes dependen de la sustancia para poder existir. La sustancia es un «ens in se» y el accidente es un «ens in alio». Aquélla es un ser en sí y éste es un ser que tiene que existir en otro.

Es distinta la sustancia primera de la segunda:

Solamente las cosas físicas, materiales, concretas, son sustancias; Aristóteles las llama «sustancias primeras»; se trata de lo particular (esta mesa, este árbol, Juan). Y las «sustancias segundas» son lo universal: no esta mesa sino LA mesa, no Juan sino EL Hombre. Pero el ser, cualquier sustancia, se define y se explica desde la sustancia primera y desde la segunda, a la vez; tiene explicación desde lo particular y desde lo universal. El ser de Pedro se explica desde su particularidad y desde su universalidad; así, puedo decir que Pedro es hombre. Esta distinción es puramente mental, no se da por una parte la sustancia primera y por otra la segunda.

3.2. La potencia y el acto

Toda la teoría aristotélica de la potencia y el acto surge originariamente al enfrentarse con el problema de la explicación física del **movimiento.** Según Aristóteles la naturaleza:

— no es un ser estático, como quería Parménides, que negaba la posibilidad del movimiento;
— tampoco **todo** es movimiento, como intentaba Heráclito.

Aristóteles afirma que todos los seres naturales están en movimiento y que la naturaleza, la physis, es el principio del movimiento y del cambio. La naturaleza es algo que tiene una fuerza interna que hace que crezca, se desarrolle, cambie, se transforme.

Todo ser se mueve por sí mismo, sin que otro le tenga que «empujar» desde fuera. Si un ser antes no se movía y ahora se mueve quiere decir que antes tenía en sí mismo la capacidad, el poder, de moverse. Tenía la potencia del movimiento, y cuando ya ha realizado el movimiento decimos que ese ser ya está en acto.

Si no hubiera potencialidad, el movimiento, el cambio, la acción, serían imposibles. Uno que está de pie estaría eternamente en pie, y el que está sentado nunca se podría levantar. El que está de pie, puede sentarse, o está en **potencia** para ello, y cuando se sienta ya ha realizado el **acto** de sentarse.

Entre el ser y el no-ser hay algo intermedio que es el **ser en potencia.** No son tan irreconciliables.

En todo ser se pueden considerar dos aspectos:

- lo que ese ser es ya: **acto;**
- y, también, su poder llegar a ser lo que todavía no es: **potencia:**

Por ejemplo: la semilla es el ser planta en **potencia.** Transformado en planta ese ser, la semilla, ha llegado a ser **acto;** el ser en acto es el que tiene la existencia actual.

El **movimiento es el paso de la potencia al acto.** El error fundamental de Parménides consistió en haber concebido el ser unívocamente, cuando el ser es **análogo.** El ser en acto no procede del no-ser sino del ser en potencia; del no-ser no sale nada. Si cerramos los ojos no vemos, pero tenemos la capacidad, la potencia, de ver.

Para que se pueda dar el movimiento, son necesarias estas tres realidades:

— sujeto: la sustancia, lo que permanece a través de los cambios;
— privación de la forma anterior, que deje lo que tenía antes, para pasar a otra cosa;
— forma final, lo que la cosa termina siendo.

Ejemplo: sujeto: el hombre;
privación: deja la infancia;
forma final: pasa a la juventud.

Hay varias **clases de cambio:**

— sustanciales: generación: paso del no-ser al ser;
corrupción: paso del ser al no-ser;
— accidentales: cuantitativo: crecimiento, disminución;
cualitativo: alternancia (de niño a joven);
locativo: cambio de lugar; traslación.

3.3. El hilemorfismo

Es la doctrina que contempla la realidad física, natural, concreta, como compuesta de materia y forma: (hyle = materia; morfe = forma). Sólo se trata de seres físicos, no espirituales. Tienen materia y forma la casa, el hombre, el mármol, pero no la alegría o la felicidad. Son dos principios que forman un todo sustancial, un solo ser.

Por ejemplo: La estatua del *David*, de Miguel Ángel, es un todo, compuesta de materia, el mármol, y de forma, David.

Ni la materia sola ni la forma sola constituyen el ser, sino que éste es el compuesto de las dos realidades: este compuesto se llama «sinolon». No se trata de la suma de dos elementos yuxtapuestos sino de la totalidad de un ser, de una sustancia. Toda sustancia corporal, concreta, es un compuesto de materia y forma; éstas no se pueden separar. Son inseparables el mármol y la figura del *David;* no se puede separar el mármol de la belleza de esta estatua.

La materia:

Nunca puede existir por sí sola sino siempre unida a otro co-principio sustancial que es la forma. El mármol, el bronce, la madera, etc., siempre tienen una forma, bien de estatua, bien de trozo cuadrado, o de tablón, o como sea.

En la materia siempre hay que distinguir entre la materia segunda y la materia prima:

— **materia segunda** es la materia física que hemos descrito (madera, mármol, piedra, barro) y es perceptible por los sentidos; esta materia es apta para recibir cualquier forma; una madera puede recibir la forma de una mesa, de una silla, de una percha, por una causa eficiente, el escultor, o el carpintero, etc.

— **La materia prima** es difícil de entender. Es algo que no es perceptible por los sentidos sino sólo por la inteligencia, es la que ocupa el último lugar en la escala de las realidades; tampoco es un simple concepto, es un principio físico, real, esencialmente potencial, es la absoluta indeterminación, la que es capaz de recibir cualquier determinación (recuerda al «apeiron» de Anaximandro). Se puede definir como «el sustrato básico constitutivo de todas las cosas», algo indeterminado que debe recibir la forma para poder existir.

La forma:

Es lo que determina la materia poniéndola en acto, haciendo que aquello indeterminado pase a ser algo determinado; es lo que actualiza la materia.

Es la esencia de la cosa, eterna, pero no existe fuera de la materia sino **en** la materia; se le llama eidos, morfé, ousía, entelejeia. Es lo que determina la materia, es el dador del ser. Es lo universal, permanente (la belleza da el ser a los objetos bellos, no se puede separar de ellos, sólo existe en ellos; la bondad sólo existe en el hombre bueno).

Es algo **intrínseco** a la misma realidad. Platón pretendía que las Ideas fueran la **forma** de las cosas, pero al ser algo externo a ellas no podían darles forma. Por eso, aunque el término «forma» es de corte platónico, adquiere un significado diverso, constitutivo de la misma realidad.

Materia y forma son eternas, pero no existen independientemente la una de la otra, sino **unidas:** o se dan juntas o no se dan. Evidentemente, Aristóteles da prioridad a la forma sobre la materia; ella es la esencia del individuo.

3.4. Análisis de las causas

Conocer algo científicamente es conocer sus causas. Dice Aristóteles:

> «Cuando conocemos la causa de la que depende el hecho como la causa de ese hecho y no de otro, y sabemos además que el hecho no podría ser distinto de lo que es... entonces tenemos el verdadero conocimiento científico.»

El porqué de las cosas físicas tiene una explicación, un origen al que se llama causa. El ser es dinámico, es actividad, tiene una naturaleza que es principio de actividad; y es precisamente en las causas donde aparece el aspecto dinámico del ser; la causa es la que da verdaderamente el ser; todo lo que llega a ser tiene una causa (Met. 5.2).

> «Causas son todos aquellos factores que son necesarios para explicar un proceso cualquiera.»

Aristóteles hace un estudio de los filósofos anteriores a él y concluye que todos ellos se han fijado solamente en **una causa** de las cosas, y por eso han permanecido en el error:

Por ejemplo: Tales de Mileto: el agua
Heráclito: el fuego
Anaxímenes: el aire
Empédocles: fuego, tierra, mar y aire.

Para Platón sólo había **dos causas:** la material y la formal, pero al mediar un abismo entre las dos se vio obligado a poner **las ideas —la causa formal** de las cosas— fuera de las mismas cosas, sin poder explicar la realidad. Por tanto hay que atender a **todas las causas** si queremos llegar al porqué de las cosas. Las causas pueden ser:

a) Intrínsecas:

— causa **material:** «es un sustrato indeterminado que puede ser todo». «La materia inmanente de la que algo se hace». Es, por tanto, algo indeterminado que puede llegar a ser cualquier cosa.

— causa **formal:** «aquello que hace que la materia indeterminada pase a ser algo determinado».
«Lo que hace que una cosa sea tal cosa y no otra».
«Aquello por lo cual una cosa es tal cosa». Se identifica con la esencia y con la naturaleza.

Por ejemplo: La causa formal es lo que hace que este hombre **sea** hombre y no otra cosa. Sin embargo, según la teoría de Platón, lo más que podemos decir es que este hombre «participa» de la idea de hombre.

b) Extrínsecas:

— causa **eficiente:** «es el agente productor de la sustancia»; «aquello de donde procede el principio primero del cambio».

Si no hay causa eficiente nunca podría haber movimiento o cambio; es el que hace que pase de una forma a otra. Tiene un sentido dinámico; ejerce una acción transformadora sobre el compuesto, no separadamente sobre la materia o sobre la forma.

— causa **final:** es el fin por el que se hace algo (a veces se le llama «primera causa»). Influye sobre el agente determinando el sentido concreto de su acción; todo movimiento, todo cambio se hace siempre con vistas a un fin.

Ejemplo: una escultura

- causa material: el bronce;
- causa formal: la forma (David, Napoleón a caballo)
- causa eficiente: el escultor;
- causa final: prestigio, dinero, adornar una plaza.

4. La Antropología aristotélica

La Antropología aristotélica es compleja: se trata de una profundización en la esencia del Hombre. Aristóteles intenta responder a tres preguntas fundamentales:

—cuál es el ser constitutivo del Hombre;
— cuál es su conocimiento;
— en qué consiste su felicidad.

4.1. El conjunto de cuerpo y alma: una unión sustancial

La constitución fundamental del hombre es que consta de cuerpo y alma; pero, el conjunto, a diferencia de Platón, es un **conjunto sustancial,** un conjunto «hilemórfico», es decir, el cuerpo funciona como materia y el alma como forma. Así, la unión del cuerpo y el alma es una unión sustancial. Como es la unión que existe entre la materia y la forma.

La unión del cuerpo y el alma se fusionan de tal manera que no es la suma de dos entidades sino una nueva entidad, una nueva sustancia que se llama Hombre. En esta nueva sustancia, el cuerpo y el alma marchan juntos en una unidad de movimiento, de acciones, de operaciones. Es la naturaleza humana, una naturaleza como principio de operaciones.

De tal modo que las actividades de esta nueva sustancia son actividades humanas, ni sólo del cuerpo, ni sólo del alma; ni sólo materiales, ni sólo espirituales. Las ideas, el conocimiento, no son anteriores a la reflexión o a la actividad mental (no es la «anámnesis», como decía Platón, recordando lo que ya antes sabía); el alma no tiene preexistencia sino que existe juntamente con el cuerpo. El conocimiento es un conocimiento humano, y conoce el Hombre, conoce con el cuerpo y con el alma (no tiene un conocimiento independiente del cuerpo).

El alma:

Requiere un breve análisis para tratar de ver lo que entiende Aristóteles. Para él, el alma es un principio vital; tener vida es tener movimiento por sí mismo. El alma es el **acto** del cuerpo que es la **potencia;** el alma es la **forma** del cuerpo que es la **materia.** Aristóteles da prioridad a la forma sobre la materia; al alma sobre el cuerpo; el cuerpo existe por el alma y en orden al alma.

Así, pues, cuerpo y alma constituyen una única sustancia y están entre sí en la misma relación que la materia y la forma. El alma es la forma del cuerpo. Como forma, el alma es el principio más radical de toda la actividad del ser vivo. Cuerpo y alma no son separables. Aristóteles defiende la unidad del hombre, y no es el alma la que siente o piensa sino todo el hombre, gracias al alma; afirmación de la total unidad del ser vivo.

Todos los seres vivos tienen alma, tienen vida, tienen automovimiento; pero distingue tres clases de alma, o partes del alma, o funciones del alma:

a) **Vegetativa:** propia de las plantas; lleva en sí las funciones de crecimiento, nutrición y reproducción.

b) **Sensitiva:** propia de los animales; supone un orden más alto en la jerarquía de los vivientes: los animales tienen apetencias, deseos, percepciones sensibles y movimiento local.

c) **Racional:** propia del hombre; tiene la capacidad de pensar y entender; el alma humana está formada por dos principios: uno activo (el entendimiento agente) y otro pasivo (el entendimiento paciente).

A partir de esta teoría sobre el alma Aristóteles explica el problema del conocimiento humano, como mezcla de conocimiento sensible e intelectual. El hombre tiene un conocimiento sensible que le viene del cuerpo y del alma sensitiva y un conocimiento racional que le viene por el alma racional.

¿Una sola alma? ¿Varias almas? Parece claro que Aristóteles afirma que tenemos una sola alma por la que vivimos, sentimos y pensamos; ¿qué relación tiene esta alma racional con las otras dos, vegetativa y sensitiva?; ¿las sobrevive? ¿Muere con ellas? No aduce ninguna prueba demostrativa de la inmortalidad del alma. No queda claro el pensamiento de Aristóteles.

4.2. Su epistemología

Para Platón las Ideas son los universales y el universal está antes que el particular; el particular, el ser material, concreto, físico, real, es una «copia» de la realidad, una tenue participación de la Idea.

Para Aristóteles el proceso es inverso: nuestro entendimiento conoce lo particular, concreto, físico, antes que el universal, abstracto; más aún: al universal llegamos por medio del particular; éste es el origen del conocimiento en general.

Como no admite la pre-existencia del alma, explica el conocimiento a partir de los datos que le proporcionan los sentidos; para él, todo conocimiento arranca de una percepción sensible: el alma racional no puede pensar nada sin representaciones que entren por los sentidos; «no hay nada en el entendimiento que antes no estuviere en los sentidos».

Todos los vivientes están provistos de órganos sensibles; si falta un sentido, falta también el conocimiento correspondiente; el ciego no tiene conocimiento de los colores; el sordo no puede conocer los sonidos (la música). Este conocimiento sensible no es tan inseguro como pretendía Platón; al contrario, los sentidos captan el objeto propio para el que están hechos, y es esto lo que da seguridad y certeza.

Se distinguen varios niveles de conocimiento:

— **sensación:** común a animales y hombres; es el nivel más bajo y produce memoria sensitiva;

— **imaginación:** es común a animales y hombres; «los animales viven con imágenes y recuerdos»; «y del recuerdo, nace en los hombres la experiencia»;

— **experiencia:** es únicamente propia del hombre puesto que es la coordinación racional de las sensaciones y no mera acumulación de datos recogidos por los sentidos;

— **entendimiento:** facultad racional discursiva, sólo propia del hombre que realiza razonamientos; hay dos tipos de entendimiento:

a) Entendimiento pasivo:

En este entendimiento se reciben las imágenes percibidas por las facultades inferiores del alma sensitiva (los sentidos). Percibe las cosas, los objetos materiales, físicos. Hace como de «potencia» y pasará al acto por el entendimiento agente o activo.

b) Entendimiento activo:

También llamado «agente» porque es el que hace que «saque», que abstraiga, las esencias de las cosas. Después de ver muchas flores, extrae el concepto de «flor»; este concepto estaba como en potencia en las imágenes de la percepción sensible. Y entonces, el entendimiento agente actúa, se mueve y pasa de la potencia al acto. En él se elaboran los conceptos con los que operamos en el discurrir intelectual.

Según algunos autores, el entendimiento pasivo se corrompe juntamente con el cuerpo y el otro, el activo, es incorruptible e inmortal; en su *Tratado del alma* Aristóteles expone estos dos entendimientos de forma oscurísima: no se sabe si el entendimiento agente actúa como separado y subsistente del cuerpo, o es una potencia personal del alma, lo mismo que el pasivo; hay opiniones para una y otra sentencia.

De aquí, se siguen varios tipos de conocimiento:

— **experiencia** (empireia): conocimiento de cosas concretas, materiales, pero sin preguntarse el porqué de las cosas;

— **ciencia** (episteme): es el conocimiento de las cosas por sus causas y sus principios; es la penetración intelectual en la esencia del ser; los principios del ser son indemostrables;

— **inteligencia** (nous): es el saber de los principios; no puede haber ciencia demostrativa de los principios, ni se puede obtener por experiencia; solamente se tiene intuición de los principios del saber: esta es la **Sabiduría.**

5. La Ética de Aristóteles

Toda ética tiene por objeto el estudio de la conducta humana (costumbres, hábitos, comportamientos, etc.) a la luz de la razón y considerando esa conducta a partir de los principios del **bien** y del **mal.**

Toda ética parte de una concepción del ser humano, es decir, de una antropología. Y, por supuesto, todo ser humano hace referencia a un hombre concreto que se sitúa en un marco histórico concreto, social, político, cultural, etc.

En Aristóteles hay tres tratados de ética:

— Ética a Eudemo;
— Ética a Nicómaco;
— Gran Ética.

Las dos primeras no designan a los destinatarios, ni a los editores, ni menos aún a los autores; se trata de los propietarios de los manuscritos; Eudemo fue un gran amigo de Aristóteles, y Nicómaco era hijo suyo, de su segunda mujer, Herpyllis, que murió muy joven durante la guerra.

Su ética está subordinada a la política, porque los griegos no conciben al hombre en estado de aislamiento, solitario o individualista, sino como ente social, encuadrado en una familia y dentro de la sociedad civil. Fuera de estas instituciones pensaban que el hombre no podría conseguir su propia perfección individual.

Al conjunto de la Ética y de la Filosofía Política se le llama Filosofía Moral. De las dos, la más importante es la Filosofía Política (cfr. Ética a Nicómaco; EN, I, 2, 1094 a).

La ética que vamos a estudiar es la Ética a Nicómaco. En ella vamos a analizar tres puntos fundamentales que se entrelazan, como son el Bien, la Felicidad y la Virtud. Cada uno de estos temas necesita un análisis distinto.

5.1. El Bien

Para Aristóteles existe una correlación entre el Ser y el Bien. No hay un Ser único sino muchos seres (en contra de Parménides); tampoco hay un Bien único sino muchos bienes (en contra de Platón); tampoco plantea el Sumo Bien en abstracto sino en concreto, porque para él no existe un Sumo Bien absoluto.

Aristóteles define el Bien en función del fin; su ética es finalista. El fin al que tiende el hombre es el bien; **el fin y el bien coinciden.** Nadie tiende al mal. Toda acción humana está orientada a la consecución de algún bien, al cual van unidos el placer y la felicidad. El placer no es un mal, es un bien, pero no el bien supremo.

Así pues, no considera las acciones humanas en cuanto buenas en sí mismas sino en cuanto coinciden con el bien del hombre; lo bueno y lo malo del comportamiento humano están en función del fin: será **buena** toda acción que conduzca al fin del hombre, y toda acción que desvíe o se oponga al fin del hombre será **mala.** Todo en función del fin; «Bien es aquello a que tienden todas las cosas» (EN, I, 1, 1094 a). El fin se presenta, pues, dinámico: es una tendencia, un impulso, una fuerza, no algo estático.

Pero, ¿existe un fin que no esté subordinado a ningún otro fin? (EN, I, 1, 1094 a, 15). Porque los fines de las actividades de los hombres son múltiples: se busca, se tiende hacia la salud, las riquezas, el honor, etc.; son fines «pequeños» (sacar buenas notas, ¿para qué?; sacar el curso, la selectividad, la carrera, colocarme, encontrar un trabajo, etc., ¿para qué?) Entonces, tiene que existir un fin que sea deseado por sí mismo y no subordinado a otro como medio (EN, I, 7, 1097, a, 30). Así el fin último, el fin supremo del hombre será necesariamente el Bien supremo.

Preguntarse por este Bien supremo del hombre, al que se tiende sin tener otro fin dependiendo de éste, es preguntarse por la **felicidad:** el hombre tiende a buscar la felicidad por sí misma; así, las acciones que tiendan a buscar esta felicidad, este fin supremo, son **buenas;** las acciones que desvíen al hombre o se le opongan a conseguirla, serán **malas.**

El fin de la vida del hombre es un Bien de tal categoría que detrás de él ya no hay nada más: este bien es la felicidad; esta felicidad es algo concreto, tiene una entidad, no es una cosa abstracta, etérea; es el Bien concreto al que tiende el hombre en sus actividades concretas; el Bien no es una inactividad, el bien es dinámico. La dificultad está en determinar en concreto en qué consisten ese Bien y esa Felicidad (EN, I, 4, 1095, a, 17-19).

Como se trata nada menos que del mayor bien al que puede aspirar el hombre en esta vida, tiene que ser perfecto, definitivo, suficiente por sí mismo, para hacer feliz al hombre (EN, I, 7, 1097 b, 35); y además debe buscarse por sí mismo y no en orden a otro bien cualquiera, pues tiene que hacer al hombre más hombre, más completo, más perfecto.

5.2. La Felicidad

5.2.1. Es un concepto ambiguo; significa:

— El fin supremo de todas nuestras acciones: todas las actividades del hombre van a confluir en este bien supremo humano.

— Ser favorecido por un buen espíritu (hado, «daimon», es un espíritu que está entre el hombre y los dioses); se trata de tomar parte en un buen destino; ésta es la eu-daimonía.

— Estar contento, dichoso, llevar una vida agradable (aspecto subjetivo) y tambien llevar una vida digna o noble (aspecto objetivo).

5.2.2. La felicidad es autosuficiente:

Si no se basta a sí misma no sería felicidad. Tiene que ser buscada por sí misma, y nunca como medio para otra cosa. Se trata del Bien, del Fin supremo.

No puede haber dos felicidades distintas que sean autosuficientes:

> «Estimamos suficiente lo que por sí solo hace deseable la vida y no necesita nada; y pensamos que tal es la felicidad; (...) la felicidad es algo perfecto y suficiente, ya que es el fin de los actos (...) la felicidad es lo mejor» (EN, I, 7, 1097 b, 15-16).

Se puede decir que la felicidad consiste en un conjunto de bienes y no en una sola cosa. Siempre será autosuficiente.

5.2.3. La felicidad consiste en realizar la tarea propia del hombre:

a) Todo ser busca el bien en **conformidad con su naturaleza,** y para Aristóteles el fin del hombre no es algo que a él se le antoje como un capricho sino que es algo que está determinado por su naturaleza y consiste precisamente en el cumplimiento más perfecto posible de las exigencias de su naturaleza.

Aristóteles descarta una serie de bienes, que son **falsas interpretaciones** de la felicidad (placer, honor, etc., cfr. EN, I, 5, 1095 b) porque no cumplen la condición de autosuficiencia que tiene que tener el bien supremo, es decir, la felicidad. Entonces, hay que buscar un criterio que sitúe aquel bien o conjunto de bienes que llamamos felicidad, y que hace por sí mismo deseable la vida.

b) Este criterio no puede fundarse en **nada exterior al hombre** (EN, I, 8, 1098 b) porque el hombre lo podría perder; tiene que salir de él, de su interior, de sus actividades; hay que buscar algo que en su actividad le haga feliz a él.

Cada ser es feliz si realiza **la actividad que le es propia y natural;** como, por ejemplo, el pájaro es feliz si puede volar, el pez en el agua si puede nadar, el ser de la piedra si es impenetrable, duro; el árbol es feliz con el agua, el sol, los jugos de la tierra, así crece, echa flores y frutos, etc. Y se pregunta, ¿cuál es la actividad propia del hombre?

Lo primero de todo es **vivir;** pero esto es común a los animales y a las plantas; lo segundo es **sentir**, y eso sólo es común con los animales, y lo tercero, y lo que es propio sólo del hombre, es **pensar,** razonar.

> «Hay que dejar de lado, por tanto, la vida de nutrición y crecimiento; vendría después la sensitiva, pero parece que también ésta es común al caballo, al buey y a todos los animales; queda, por último, cierta vida activa propia del ente que tiene razón (...) y si la función propia del hombre es una actividad del alma según la razón y acciones razonables» (EN, I, 7, 1098 a, 1-7).

Así, el hombre sólo será feliz si realiza la actividad intelectual; la vida del hombre para ser feliz consistirá en vivir conforme a la razón. El hombre feliz vive bien y obra bien, es el que lleva una buena vida y una buena conducta (EN, I, 8, 1098 b, 22-23).

Aristóteles pone varios ejemplos de cómo entiende la actividad racional del Hombre esa felicidad propia de seres humanos: el Hombre vulgar, el Hombre refinado y el Hombre contemplativo; este «tercer Hombre» lo explica en el libro X de su Ética: el Hombre feliz de verdad es el que dedica su actividad al pensamiento porque el acto de pensar tiene algo de divino o en todo caso es lo más divino que hay en el Hombre (EN, X, 7, 1177 a, 13- 16); el sabio necesita muy pocas cosas para vivir; es lo que distingue principalmente al Hombre de los animales y lo que más le asemeja a los dioses, que son los más dichosos (EN, X, 8, 1178 b).

c) Por tanto, la felicidad y el bien supremo no pueden consistir nunca en otra cosa que en una actividad, jamás en una pasividad satisfecha; se trata, por consiguiente, de un esfuerzo consciente por llegar a ser plenamente Hombre, por realizar lo mejor posible su propia esencia. La actividad intelectual no es una pura reflexión teórica, abstracta, sino que consiste en una sabiduría práctica (phrónesis) y en una sabiduría teórica (theoría).

d) Todo esto estaría muy bien si el Hombre no tuviera necesidades materiales, porque él no es puro pensamiento: tiene que comer, dormir, etc. Y Aristóteles lo tiene en cuenta, y dice que si tiene bienes materiales suficientes, durante toda la vida, y no sólo a temporadas, se sentirá más feliz (EN, I, 10, 1101 a, 12-14; 1178 a, 34-36; 1099 a, 32-34).

Resumiendo:

— La felicidad es el bien supremo y coincide con el fin supremo.

— La felicidad es autosuficiente, se desea por sí misma y nunca en orden a otras cosas.

— La felicidad, como bien perfecto, no es para el hombre solitario sino para el que se relaciona con los demás seres, porque el Hombre es «por naturaleza un ser político», un ciudadano (polis = ciudad) (EN, I, 7, 1097 b, 8-11).

— La felicidad es una actividad del alma (EN, I, 13, 1102 a) que se basta a sí misma y es la actividad racional.

— La felicidad no es propia de esclavos (EN, X, 6, 1177 a) ni de animales, ni de niños (EN, I, 9, 1099 b), pues requiere una vida entera y una virtud perfecta (EN, I, 9, 1100 a, 4).

— La felicidad va unida al éxito y al bien obrar y a los bienes exteriores (EN, I, 8, 1098 b; 1099 a; 1178 a).

— La felicidad es una acción conforme a la virtud perfecta (EN, X, 7, 1177 a).

5.3. La Virtud

Hasta ahora hemos dado los siguientes pasos: El Hombre busca el bien; el Hombre busca el fin; el bien y el fin coinciden. El Fin supremo es el Bien supremo. Este Bien supremo es la Felicidad. Todo Hombre busca la felicidad y ésta consiste en realizar la actividad que es propia de su naturaleza: la actividad intelectual. Así, llega a su plena realización. Ahora bien, esta actividad racional debe dirigir y regular todos los actos de la vida humana y en esto consiste la virtud: «La felicidad es una cierta actividad del alma conforme a la virtud perfecta» (EN, I, 13, 1102 a).

Vivir conforme a la virtud significa que la razón, la actividad racional, es la que dirige y regula todos los actos del Hombre, toda la conducta humana; en esto consiste la vida virtuosa.

Es decir que la felicidad propia del Hombre no es un regalo de los dioses, ni un producto del azar, ni algo que se nos da hecho, sino que es preciso conquistarla día a día, tras largo y penoso ejercicio (EN, I, 9, 1099 b, 15; X, 6, 1177 a). La felicidad consiste fundamentalmente en vivir de acuerdo con las cualidades (¿excelencias? ¿virtudes?) propias y características de cada ser humano; se trata, por tanto, de vivir conforme con la naturaleza humana de cada uno.

¿Qué es, pues, la **virtud?** Vamos a hacer un breve análisis de ella:

a) Etimológicamente:

En griego es «areté» que significa fuerza, poder, energía; es como la potencia o capacidad de un ser, de una cosa, para llegar a ser esa misma cosa, ese mismo ser; es esa fuerza que le hace llegar a su perfección, a su plenitud.

b) Clasificación:

— Virtudes éticas: las virtudes morales, como la fortaleza, la justicia, la amabilidad, la veracidad, etc.

— Virtudes dianoéticas: las intelectuales, como pueden la sabiduría, la prudencia, el arte, etc.

c) Éticamente:

1. La virtud **procede del hábito:** ninguna virtud moral se origina en nosotros por naturaleza, no es innata ni espontánea sino que requiere esfuerzo de la voluntad (EN, II, 1, 1103 a, 16); el hábito engendra la costumbre (ethos): el modo de ser de una persona, que se expresa por sus acciones (praxis); es decir, es la postura del Hombre en relación con la realidad circundante: es su modo de estar en el mundo (político, social, económico, cultural, etc.); su postura ante el dinero, la familia, el Estado; en una palabra, su concepción de la felicidad.

2. La virtud es esa **fuerza,** poder, capacidad, para buscar el bien, la propia plenitud humana, su propia perfección en todos los terrenos, no sólo en el moral.

Es el cultivo de todas las cualidades personales; por tanto, es huida de la mediocridad. Es una actitud adquirida, no innata, disposición permanente del espíritu, no actos aislados, realizados más o menos mecánicamente (EN, II, 5, 1106 a); en la virtud es más importante la actitud interna que la repetición mecánica de actos.

3. La virtud es un hábito **voluntario y libre,** que implica deliberación y elección; Aristóteles no comparte el intelectualismo moral de Sócrates, que identificaba la virtud con el saber y la ignorancia con el vicio. No basta saber el bien para practicarlo ni basta conocer el mal para dejarlo de hacer.

El acto de la virtud contiene cinco elementos:

a) Conocimiento del objeto y del fin.
b) Voluntad de alcanzarlo.
c) Deliberación de los medios adecuados para conseguirlo.
d) Elección reflexiva.
e) Firmeza en la decisión de obrar (EN, II, 4, 1105 a, 30).

4. La virtud consiste en el **término medio** entre dos extremos (EN, II, 6, 1106 b); no se trata de la media matemática, pues en la Ética no puede exigirse la misma exactitud que en otras ciencias (EN, I, 3, 1094 b); este término medio no es ni puede ser uno, ni único, ni idéntico para todos.

Ejemplo de Milón: éste fue un famoso atleta del siglo VI a.c. que comía una ración diaria de más de 8 kg de carne, otros tantos de pan y unos 10 litros de vino; no se le puede dar de comer, en el otro extremo, a un gimnasta principiante, un termino medio de comida de 4 kg de carne y 5 litros de vino.

La virtud es esa capacidad racional de saber escoger, según la recta razón (orzos logos) de cada uno, lo que estime que es el término medio entre dos extremos.

Este equilibrio, propio de la virtud, tiene en Aristóteles una profundidad mayor de la que puede aparecer a primera vista. No la coloca en el ámbito individual y personalísimo de la conciencia de cada uno, sino que la sitúa en el conjunto del Universo.

Este equilibrio forma parte del cosmos (el mundo como un todo ordenado y bello) que tiene un orden establecido por una inteligencia superior: no se pasa del extremo del frío del invierno al calor asfixiante del verano, sino que existe una etapa intermedia que es la primavera; tampoco se pasa de la luz del día a la oscuridad de la noche sino que hay un paso intermedio que es la tarde; en el campo no florecen las espigas al día siguiente de sembrarlas, hay todo un proceso agrícola. Este orden del cosmos es el que debe tener el Hombre, que es un «micro-cosmos»; él, según su recta razón, según su sabiduría, tiene que poner orden en su pequeño cosmos, tiene que poner las cosas en su sitio, de lo contrario sería un caos, no un cosmos.

Lo mismo debería ocurrir en la ciudad, en la polis, donde tiene que haber un orden, de tal manera que sea un reflejo del cosmos, y así habrá equilibrio entre los ciudadanos y podrán ser felices.

La felicidad es pues, ese esfuerzo inteligente por poner en orden su propia naturaleza, por desarrollar todas sus cualidades, en hacer que funcionen todas sus excelencias, en poner en acto todas sus potencias.

Ésta es la felicidad: una actividad racional propia de la virtud perfecta. Pretende Aristóteles que la ciudad sea feliz, que todos los ciudadanos participen en la ciudad, para que funcionen las instituciones y el Hombre pueda alcanzar su propia plenitud en su vida ciudadana, nunca en solitario.

6. La Política de Aristóteles

Generalidades

Tanto la *República* de Platón, como la *Política,* de Aristóteles, son obras de dos grandes genios sistemáticos que siguen la tradición griega de encuadrar los fenómenos particulares dentro de una visión cósmica de la realidad.

Se trata de encontrar el «arjé» de la «fisis», de ver dónde está el origen de la sociedad, cuál es su naturaleza.

Los planteamientos políticos y sociales de Aristóteles suponen un intento de frenar la decadencia del estado-ciudad griegos. Él propone una **amplia clase media,** como fundamento de la Constitución Política de la ciudad; esta clase media es la que había participado en distintas ocasiones (a lo largo del siglo IV a. de C. e incluso a fines del siglo V) en el gobierno de Atenas y que se fue debilitando, juntamente con todo el sistema político.

Define la clase media como el intermedio entre ricos y pobres: los ricos, que se dejan llevar por el egoísmo y la ambición, y los pobres, que son siempre una carga y un peligro para el Estado. (Se trata del famoso «término medio» de su ética.)

Considera que el Hombre es un animal político que para realizarse en plenitud necesita pertenecer a una comunidad. Ésta es la ciudad, la polis, culminación de un desarrollo de las distintas asociaciones humanas (familia, tribu, aldea, ciudad).

La ciudad es para Aristóteles una forma natural de vida humana, es la forma ideal de vida social y de Estado: sus planteamientos éticos están siempre presentes en su *Política;* si para Platón el ideal es hacer una ciudad justa, para Aristóteles es hacer una ciudad feliz.

Su método de investigación es distinto del de Platón: parte del conocimiento real de distintos Estados, se preocupa de conocer a fondo los distintos sistemas políticos de su época, y realiza un estudio de 158 Constituciones de ciudades y países diferentes. A partir, pues, de observaciones directas y de situaciones concretas elabora su *Política.*

Podemos distinguir tres aspectos dentro de la *Política:*

— el origen de la ciudad;
— la finalidad del Estado y sus formas de gobierno;
— los grupos humanos en la ciudad.

6.1. El origen de la ciudad

El ser de la comunidad política es **natural,** no artificial. No es algo establecido previamente, mediante un pacto (al estilo de Rousseau, o de Hobbes) entre individuos, sino algo que pertenece a la naturaleza misma del hombre, a esa inclinación natural que tiene el hombre a asociarse, a ser social, a integrarse en una polis, a ser **animal político** (Pol.I, 2, 1253 a). Este hombre tiene una tendencia innata a lograr su propia perfección en la polis; no podrá alcanzar su bien y su felicidad, sino es en la polis, es decir, nunca aislado o en solitario, sino en su lugar natural, que es la ciudad. Ser individuo es lo mismo que ser ciudadano.

El origen **natural** de la ciudad se puede poner en la **casa;** pero entendiendo por «casa» la comunidad primitiva que es la que cubre las necesidades básicas, cotidianas, del hombre (oikos = casa; nomos = ley; **economía** = la ley que rige los bienes propios de la casa). Esta «casa» es lo que nosotros entendemos por **«familia»** en sentido amplio: consta de los miembros de la familia con vínculos de sangre, juntamente con los esclavos y sus posesiones (yuntas de bueyes, campos, etc.); es decir, la constituyen todos aquellos que viven juntos y forman una unidad económica básica.

El Estado es un **todo** en el que el individuo, la familia, la aldea son una parte solamente (Pol. I. 2. 1252 b). **El origen del Estado** se puede entender de dos formas:

Genético: De hecho, físicamente, biológicamente, es el individuo el que engendra a la familia, ésta se instala en una «casa»; luego viene la tribu, después la aldea, y por fin, la polis, el Estado. El Estado es, pues, el resultado de un proceso de evolución genético.

Metafísico: Se trata de buscar la esencia del Estado, su sentido profundo. «La ciudad es una de las cosas naturales, y el hombre es por naturaleza un animal político» (Pol. I, 2, 1253 a). La naturaleza no hace nada en vano (Pol. I, 2, 1253 a) y ha formado al Hombre para vivir en sociedad, no aislado.

El hombre solitario es antinatural (EN, 1, 7, 1097 b); la tendencia innata del Hombre hace que éste logre su perfección, su felicidad, en la sociedad, en el Estado; de ninguna forma puede conseguirla en el aislamiento o la soledad.

Una manifestación de ese Hombre social o político es la **palabra:** la naturaleza ha hecho que el hombre tenga el don de la palabra; los demás animales sólo emiten sonidos, pero el hombre tiene razón, discurre, habla, y la palabra no es sólo el «logos» sino también «diálogo», y eso implica comunicación entre seres que son semejantes. Por eso el hombre es social por naturaleza (Pol. I, 2, 1253 a).

6.2. El fin del Estado

La ciudad es una entidad dinámica, que tiende a conseguir un fin determinado, concreto, y éste es la felicidad. Es el bien del Hombre y y es el bien de la ciudad. Sólo en la comunidad política encuentra el Hombre el bien, la felicidad, que es su plena realización.

El Estado, pues, tiene como fin la felicidad de los ciudadanos; los hombres no se han asociado para vivir, sino para **vivir bien** (Pol. III, 9, 1280 a, 30). Por vivir bien no hay que entender abundancia de bienes materiales (una «buena vida») sino una vida conforme a virtud: una vida conforme a las exigencias de la virtud, es decir, una vida regida por la razón en todos los comportamientos humanos.

> «El fin de la ciudad es, pues, vivir bien, y esas cosas son medios para el fin(...) la vida perfecta y suficiente es ésta: la vida feliz y buena (...) Por tanto, el fin de la comunidad política sí son las buenas acciones y no la convivencia» (Pol. III, 9, 1281 a, 3).

Aristóteles da a la política un claro contenido ético, al poner a ésta bajo la tutela de la virtud, que se convierte en el fin y en el ideal a que debe aspirar la ciudad (Pol. VII, 1, 1323 a 40).

La auténtica misión y **tarea del Estado** es, pues, crear las condiciones para que se dé una vida buena y perfecta: tiene que satisfacer las necesidades primarias y materiales de los ciudadanos. El Estado está hecho para que la comunidad **viva,** no sólo biológicamente, sino para que viva **bien** (Pol. III, 9, 1280 a, 31). El bien y el fin coinciden, y el bien supremo es la Felicidad; por tanto, el Estado tiene que velar para que la ciudad alcance la Felicidad.

Formas de gobierno

Sistemas que considera **justos:**

- Monarquía, o gobierno de uno solo;
- Aristocracia, o gobierno de los mejores;
- Democracia, o gobierno de la comunidad.

Sistemas que considera **injustos:**

- Tiranía, o desviación de la monarquía;
- Oligarquía, o desviación de la aristocracia;
- Demagogia, o desviación de la democracia.

La mejor forma de constitución es la formada por ciudadanos de clase media, con un gobierno aristocrático, que es un **término medio** entre aristocracia y democracia. Aristóteles siempre estuvo en contra de la democracia.

6.3. Los grupos humanos en la sociedad

La felicidad, que es el fin del Estado, no es alcanzable para muchos de los ciudadanos. Solamente los ciudadanos libres son los que pueden alcanzarla. Porque en la ciudad no todos son iguales:

> «La justicia consiste en la igualdad, y así es; pero no para todos, sino para los iguales; y se piensa que la desigualdad es justa, y así es, pero no para todos, sino para aquellos que son desiguales» (Pol. III, 9, 1280 a).

Digamos que Aristóteles **no** concede el derecho de ciudadanía a todos los elementos que componen la ciudad; **excluye** a los esclavos y a las **mujeres:**

> «Hay algunas mujeres y hembras de otros animales, como los caballos y los

bueyes, que tienen suma propensión a dar hijos semejantes a sus progenitores, como la yegua llamada Justa, en Farsalo» (Pol. II, 3, 1262 a, 23).

«Si las mujeres son comunes y la propiedad privada, ¿quien se cuidará de la casa, como del campo los hombres? ¿Y si son comunes las propiedades y las mujeres de los labradores? Es también absurdo deducir de la comparación con los animales que las mujeres deben ocuparse de las mismas cosas que los hombres, porque los animales no tienen que administrar la casa» (Pol. II, 5, 1264 b, 1-5).

También excluye a los artesanos, labradores y mercaderes, de los que dice que es preferible que sean esclavos (Pol. III, 5, 1278 a).

En la categoría de **hombres libres** entran solamente las tres clases superiores: los guerreros, los sacerdotes y los magistrados.

«Ellos son los ciudadanos, ya que los obreros no participan de la ciudad ni ninguna otra clase que no sea productora de virtud» (Pol. VII, 9, 13229 a, 20).

Resulta, pues, evidente para Aristóteles que **unos hombres son libres por naturaleza y otros esclavos,** y que para éstos la esclavitud es una cosa justa y conveniente (Pol. I, 5, 1251 a). Los esclavos son los que tienen que trabajar para que queden libres de ocupaciones los ciudadanos libres, y entonces éstos puedan dedicarse al pensamiento, a la Filosofía (Pol. VII, 1, 1323 b).

Por lo tanto: el vivir bien conforme a virtud; la perfección y la felicidad, a la que el Hombre aspira mediante su participación en la polis, no son para todos, ni están al alcance de todos. De este bien común, la felicidad, queda excluida de la Ciudad la mayor parte de los ciudadanos que la integran. Sólo los ciudadanos libres, es decir, los que poseen los suficientes bienes de fortuna para no tener que sujetarse a un trabajo necesario, y disponen de medios, de tiempo y ocio, para consagrarse a actividades intelectuales (consideradas superiores), son los que pueden conseguir la felicidad. Es decir que el bien común de la ciudad se convierte en el **bien de algunos, de una clase particular.** Se trata por tanto, de un ideal aristocrático, de una élite privilegiada.

7. Clave de interpretación de los textos oficiales

7.1. El texto sobre la Naturaleza

Este texto está tomado del *Libro de la Física* II, 1; y tiene como tema principal un análisis sobre el concepto de naturaleza. Coexisten varias definiciones sobre ella a traves de todo el texto. Vamos a ver algunos significados.

La naturaleza es materia:

«En cuanto que de hecho constan de piedra, madera o cualquier otra mezcla o combinación de ellas, y bajo ese respecto precisamente, tienen tal impulso al movimiento».

«Una manera de concebir la naturaleza, a saber, la materia que sirve de sujeto inmediato a cada uno de los seres que tienen en sí el principio de movimiento y de cambio».

«No es la figura del lecho la naturaleza, sino la madera, pues, si retoña, brota madera, no un lecho».

La naturaleza es la forma:

«Según otra manera de concebirla, la naturaleza es el tipo o la forma. No separables, a no ser mentalmente, en las cosas que tienen en sí mismas el principio del movimiento».

«La forma es más naturaleza que la materia».

«La forma del hombre es su naturaleza, pues un hombre nace de otro hombre».

La naturaleza es principio de movimiento:

«Las cosas naturales tienen en sí el principio del movimiento y de reposo».

«La naturaleza es un principio y causa del movimiento y de reposo en la cosa en que ella se halla, inmediatamente, por sí misma y no por accidente».

«... tiene en sí el principio de la propia producción».

«Y poseen naturaleza los que poseen un principio así».

La naturaleza es la sustancia:

«Todos esos seres son sustancia (ousía), pues son sujetos, y la naturaleza está siempre en un sujeto».

«... la sustancia es la que pasa por todos esos cambios, permaneciendo continuamente».

La naturaleza es el conjunto (sinolon) de materia y forma:

«El compuesto de ambos no es naturaleza, sino por naturaleza o natural, como el hombre».

«La naturaleza sería el tipo y la forma (no separables, a no ser mentalmente) en las cosas que tienen en sí mismas el principio del movimiento».

La naturaleza es la generación:

El nacimiento, la generación, es la raíz de toda mutación, y en ella consiste la naturaleza, y se dice primitivamente de los seres vivos: «Por naturaleza, los animales y sus partes, las plantas...».

«Un hombre nace de otro hombre (...) la madera, si retoña, brota madera».

«Lo que crece, en cuanto crece, se halla en un proceso de pasar de un término a otro».

«La naturaleza que se dice tal como generación es camino hacia la naturaleza propiamente dicha».

La naturaleza es el sujeto de todo cambio:

«Por naturaleza (...) los cuerpos simples, como la tierra, el fuego, el aire, el agua».
«La naturaleza y la sustancia de las cosas que son por naturaleza es el sujeto inmediato e informe de por sí; por ejemplo, la madera —la naturaleza del lecho—, el bronce —la de la estatua—».

«Unos afirman que es el fuego, otros que el aire, otros que el agua, otros que varios de esos elementos, otros, que todos, los que son la naturaleza de los seres».

La naturaleza es la esencia:

«Son conformes a la naturaleza... y están en ellas en virtud de su esencia, como para el fuego subir hacia arriba».

«Se llama naturaleza lo que es conforme a la naturaleza y lo natural». (Lo natural del fuego es subir, es la ligereza; lo natural de la piedra es bajar, es la pesantez, la gravedad; son tendencias naturales a subir o bajar. Todo movimiento natural tiene un estado conforme y acorde con la naturaleza de la sustancia —fuego, piedra—; el lugar natural de las sustancias pesadas es el centro de la tierra; el lugar natural de las sustancias ligeras es lo más alejado de la tierra. Ambas tienden a su estado natural, que es el reposo.)

Éstas pueden ser las acepciones de naturaleza que trae Aristóteles en el texto de Física II,1. Y tienen, parece ser, otro matiz distinto de las que trae en su texto de Metafísica, 5.4. Son éstas:

1. La Naturaleza es el principio engendrante. Se llama naturaleza a la generación de las cosas que crecen.

2. Es el primer movimiento que reside en ellos en cuanto tales.

3. Se llama naturaleza el elemento primero, informe e inmutable desde su propia potencia.

4. Son también naturaleza los elementos de los entes naturales, mencionando unos el fuego, otros la tierra, otros el aire, otros el agua.

5. Y es naturaleza no sólo la materia primera (...) sino también la especie y la sustancia.

6. Toda sustancia se llama naturaleza a causa de ésta, porque también la naturaleza es cierta sustancia.

7. Se llama naturaleza la sustancia de los entes naturales.

8. La naturaleza primera y propiamente dicha es la sustancia de las cosas que tienen en sí mismas en cuanto tales el principio del movimiento.

Según la acepción que se da en el libro de la Metafísica, la naturaleza es principio de sí mismo (fisis arjé en auto); es una concepción intrinsecista: la naturaleza ejerce una acción inmanente.

Según el libro de la Física, la naturaleza es fin y causa final (fisis telos kai o ou eneka); es una concepción extrinsecista: ejerce una acción transitiva (cfr. *Ente y ser*, de Nimio de Anquím, Ed. Gredos 1962, págs. 89 y ss).

La naturaleza es un principio que opera interiormente en la actualización de la cosa; en el libro I de la Física, Aristóteles establece tres principios (arjai) que son: la materia (hyle), la forma (morfé) y la privación (steresis). Y del libro I al libro II, da un salto brusco, sin conexión, siguiendo dos caminos distintos: en el I establece los arjai, los principios, y en el II busca la fisis, y en éste señala tres acepciones fundamentales: la materia, la forma y el movimiento.

7.2. El texto sobre la Política

Las comunidades primeras:

Hay otra traducción más clara que la oficial: es ésta:

«Toda ciudad existe por naturaleza, en la medida en que existe naturalmente la primera de las comunidades» (*Aristóteles*, Obras completas, Aguilar, 1985. pág. 679).

Su argumentación es la siguiente:

- El hombre es un ser natural;
- La familia es natural y necesaria;
- La aldea es la expansión natural de la familia. La ciudad es la expansión natural de la aldea. Por tanto, la Polis es una formación comunitaria, natural.

La naturaleza es un fin:

La naturaleza o esencia de una cosa, coincide con su fin (coinciden causa formal y causa final), y el fin es al mismo tiempo su bien, su perfección propia. La naturaleza de la ciudad tiene una finalidad que es su propia perfección: la felicidad de los ciudadanos.

La naturaleza tiene una fuerza, una potencialidad; cuando la ponga en acto, cuando realice su desarrollo, su plenitud, su perfección, alcanzará su fin. Mientras tanto, el fin actúa como meta, como fuerza impulsora.

«Una vez acabada la generación (geneseos telos zeises), una vez que ha completado su desarrollo».

Esa fuerza interna (fisis), esa naturaleza, es principio de movimiento: pasa de la potencia al acto, pasa del ser en potencia a llegar a ser, del no-ser al ser: la generación.

La autosuficiencia (autarquía):

La argumentación sería ésta:

1. El bien principal de un ser es conseguir el fin.
2. Para una comunidad (polis) el bien principal es conseguir su autosuficiencia.
3. Luego, conseguir su autosuficiencia es el fin de la comunidad, de la polis.
4. Pero sólo la polis (forma comunitaria de vivir) consigue la autosuficiencia.
5. De modo que sólo la Polis alcanza su fin.
6. Así, el fin de las comunidades inferiores (la casa, la aldea) es llegar a formar parte de una Polis, que es la comunidad superior, en que se alcanza el fin.
7. El fin natural de la casa, de la aldea, es la Polis.

El hombre, animal político:

Es mejor que decir animal social o comunitario, como dice la *Ética a Eudemo* (VII, 10, 1242 a) y tambien «animal familiar o doméstico» (oikonomikon).

Son etapas sucesivas, que miran al fin, al pleno desarrollo del hombre que se sitúa en la Polis, que es su etapa final.

El término «político» dice más que el social.

El a-político es el hombre des-vinculado de todo lazo ciudadano. ¿Es posible que sea antinatural?; ¿es posible que sea libre de elección el estar integrado en la ciudad o no?